Augustin

AUGUSTIN

- **Né en 354 à Thagaste (Algérie)**
- **Décédé en 430 à Hippone**
- **Quelques-unes de ses œuvres :**
    - *Confessions* (397-401)
    - *De la Trinité* (399-419)
    - *La Cité de Dieu* (413-426)

Philosophe du **Ve siècle apr. J.-C.**, Augustin est nourri dès l'enfance aux **lettres antiques** et à la **foi chrétienne**. Son originalité tient d'abord à l'union inséparable de sa vie et de sa pensée. Sa vie est autant un itinéraire spirituel que sa pensée est une expérience vivante.

Or l'expérience d'Augustin, c'est d'abord celle de **la passion de l'amour** : « J'aimais à aimer », écrit-il dans les *Confessions*. Mais, après des années plongées dans la sensualité des « amours honteuses », Augustin sent naitre en lui une insatisfaction et un scrupule. Le véritable amour n'est pas là. La rencontre de saint Ambroise l'aidera à comprendre que la félicité et le repos ne se trouvent pas dans l'agitation des sens, mais dans **la plénitude de l'âme recueillie en elle-même**.

Tel sera le sens de sa conversion et la signification de la foi qu'il répandra autour de lui en tant que professeur puis évêque d'Hippone. C'est au fond de nous-mêmes que réside

l'objet véritable de notre désir et la source même de notre être : Dieu, « plus intime à moi-même que moi-même ».

BIOGRAPHIE

LES PREMIÈRES ANNÉES

Aurelius Augustinus, dit saint Augustin, **nait en 354** dans la ville de Thagaste (aujourd'hui Souk Ahras), dans l'actuelle Algérie. Dès son plus jeune âge, il reçoit l'empreinte d'une **éducation à la croisée de deux cultures** : son père, un Africain romanisé, est païen, tandis que sa mère, d'une origine sociale élevée, est une chrétienne à la piété fervente.

Entre 365 et 374, Augustin étudie les auteurs et les philosophes de l'Antiquité (Homère, Virgile) ainsi que la rhétorique à Madaure, puis à Carthage. Au contact de la jeunesse païenne de son temps, il mène une **vie insouciante et dissolue** qui, au gré des amours passagères, lui donne un fils, Adéodat, en 372.

La même année survient un évènement intellectuel décisif dans la vie d'Augustin : la **découverte de l'*Hortensius* de** l'orateur et homme politique latin Cicéron (106-43 av. J.-C.). L'ouvrage (aujourd'hui perdu) invite à la sagesse et l'esprit du jeune homme est conquis : **un nouvel amour s'éveille en lui, celui de la philosophie**, qui ne le quittera plus. S'ouvre alors un long itinéraire intellectuel et spirituel.

Devenu **professeur de rhétorique** en 373, Augustin enseigne d'abord à Thagaste puis à Carthage, à Rome et à Milan. C'est à cette époque qu'il se rapproche de la secte manichéenne. Mais, un temps séduit par sa doctrine, Augustin en perçoit bientôt les erreurs et finit par s'en éloigner définitivement.

C'est désormais auprès des **philosophes platoniciens et néoplatoniciens** découverts en Italie, Platon (vers 427-347 av. J.-C.), Plotin (vers 205-270) et Porphyre (vers 234-305), qu'Augustin essaie de murir des idées nouvelles.

LA CONVERSION

Les débuts de la vie d'Augustin sont marqués par l'incertitude et par l'errance. La poursuite passionnée des objets du désir s'avère finalement sans issue : Augustin n'y goûte plus que l'amertume et l'angoisse. Cependant, dans un premier temps, sa philosophie, désemparée devant des doctrines plus contraires les unes que les autres, ne lui offre pas la sagesse qu'il recherche.

Une rencontre essentielle fait alors basculer son existence, celle de **l'évêque de Milan, Ambroise** (vers 340-394), en **384**. Auprès de lui, Augustin redécouvre la foi chrétienne. À l'agitation et à la dispersion d'une vie égarée hors de soi, le philosophe entrevoit enfin un remède : **le repos et le retour en soi-même par la foi**. Dès lors, il lui faut renoncer aux honneurs de la vie sociale et aux biens terrestres. Sa conversion spirituelle est engagée.

En **386**, Augustin quitte ses fonctions d'enseignement et entame une **retraite spirituelle** en compagnie d'amis, de sa mère et de son fils dans un domaine près de Milan. L'année suivante, il scelle sa conversion en recevant **le baptême** de la main d'Ambroise. Parallèlement, il entame la rédaction de ses premiers **ouvrages philosophiques**, leur choisissant la forme vivante du dialogue : *Contre les Académiciens, De la vie heureuse, De l'ordre, Soliloques.*

En 388, après la mort de sa mère, Augustin retourne à Thagaste où il fonde une communauté monastique. Il vend toutes ses possessions et mène une **existence synonyme de pauvreté et de prière**. De nouveaux ouvrages voient le jour, dont *Du maître* et *Du libre arbitre.* Cette fois, c'est la question du mal, du péché et de la liberté humaine qui font l'objet de ses réflexions.

PHILOSOPHE, ÉVÊQUE ET THÉOLOGIEN

Mais la paisible retraite du philosophe ne dure pas longtemps. En **391**, l'évêque d'Hippone, Valerius, sollicite Augustin pour occuper la fonction de vicaire général. Dans un enthousiasme unanime, Augustin est ainsi **ordonné prêtre**. Le philosophe conjugue dès lors vie méditative et engagement actif au sein de l'Église.

En **396**, Augustin devient **évêque d'Hippone**, mais il continue à vivre dans l'austérité et la pauvreté, faisant de son palais un monastère. C'est le temps des **grandes œuvres théologiques** de la maturité. Les *Confessions, De la Trinité* et *La Cité de Dieu* porteront chacune sa méditation sur la foi chrétienne à son degré le plus élevé d'achèvement. Il se révèle également un grand prédicateur et contribue ainsi au rayonnement du christianisme dans tout l'Empire romain.

C'est finalement à Hippone qu'Augustin **s'éteint en 430**, tandis que les Vandales assiègent la ville.

CONTEXTE PHILOSOPHIQUE

LA DÉROUTE DE L'ÂME DANS UN MONDE EN DÉCLIN

La vie d'Augustin coïncide avec les **dernières décennies de l'Empire romain**. Fragilisé par l'instabilité politique et sociale qui le ronge de l'intérieur et par les incessantes incursions barbares qui menacent l'intégrité de l'Empire, le monde occidental romain connait alors les sombres temps de la décadence.

Un climat de **crise politique, morale et intellectuelle** s'installe.

Mais tandis que l'histoire s'apprête à entrer dans le Moyen Âge, Augustin reste fidèle à la culture antique et maintient l'inspiration chrétienne. En effet, selon lui, à l'âme tourmentée il faut offrir une nouvelle espérance. Cependant, l'ambition est élevée et le chemin difficile. **Entre 379 et 395**, sous Théodose Ier (347-395), **le christianisme devient la religion officielle** de l'Empire qui semble alors se réunifier. Un climat d'effervescence favorise l'essor d'idées nouvelles parmi les Pères latins et les Pères grecs. Mais la profusion des idées engendre l'adversité et les écoles se séparent. Des sectes apparaissent et **les dogmes hérétiques se multiplient**. Entre le manichéisme, l'arianisme, le pélagianisme ou encore le donatisme, la pensée chrétienne s'épuise en controverses et s'enlise dans une crise intellectuelle.

CONTROVERSES ET HÉRÉSIES

Ce sont les persécutions perpétrées par l'empereur Dioclétien (245-313) contre les chrétiens d'Afrique en 303 qui suscitent les premiers schismes. En ordonnant la confiscation des textes sacrés de l'Église et des objets du culte, **l'empereur divise les évêques** : tandis que certains acceptent d'obtempérer et livrent sans résistance ce que Dioclétien exige, quelques irréductibles refusent l'aliénation des biens sacrés de l'Église au pouvoir de l'empereur. Les persécutions s'abattent. Mais la désunion des évêques mine profondément l'autorité de l'Église. Emmenés par **Donat le Grand** (vers 270-355), évêque de Carthage, ceux qui se nomment désormais les « purs », décident de **fonder une nouvelle Église**, seule en mesure, selon eux, d'administrer des sacrements légitimes. Face à ce schisme, Augustin réagit : saints ou pécheurs, les chrétiens forment une seule et même communauté indivisible unie en Dieu. En 411, le donatisme est condamné au concile de Carthage.

Mais d'autres foyers de dissidence se sont allumés entre-temps. En 318, **Arius** (vers 256-336), prêtre et théologien d'Alexandrie, développe une **interprétation critique du dogme de la Trinité**. Réfutant la divinité du Christ avant le baptême, l'arianisme place par ailleurs l'éternité de Dieu dans la seule personne du Père. L'équilibre trinitaire est brisé. Qualifié d'hérétique dès le concile de Nicée en 325, l'arianisme est à nouveau condamné au concile de Constantinople en 381.

Enfin, Augustin entretient une vive **controverse avec le**

moine Pélage (vers 360-422). Au cœur du différend : **le libre arbitre de l'homme**. Si l'homme est une créature de Dieu, quelle marge de liberté possède-t-il ? Pour les pélagiens, Dieu a créé l'homme libre. La volonté humaine conserve donc toujours la capacité de choisir par elle-même le bien comme le mal. Dès lors, le péché originel ne peut avoir corrompu la nature de l'homme : la faute d'Adam n'est pas héréditaire et nous n'avons pas besoin de la grâce de Dieu pour accomplir le bien et gagner notre salut. Contre l'hérésie pélagienne, **saint Augustin maintient le dogme du péché originel et de la chute** : en tout homme existe un penchant au mal dont il est seul responsable et qui l'empêche de faire le bien sans l'aide de Dieu. Il n'y a pas de bonté humaine sans grâce divine. Un an après la mort d'Augustin, l'Église reprendra ses arguments pour condamner les pélagiens au concile d'Éphèse.

UNE RICHE POSTÉRITÉ

Pendant près de sept siècles, la philosophie d'Augustin domine la pensée chrétienne. Ce n'est qu'au **XIIIe** siècle que **Thomas d'Aquin** (1225-1274), rétablissant **l'autorité d'Aristote** (322-384 av. J.-C.), affaiblit l'inspiration platonicienne qui fut en partie celle d'Augustin. Mais l'influence du philosophe continue malgré tout de se propager.

À la **Renaissance** (XVe et XVIe siècles), le théologien et réformateur **Martin Luther** (1483-1546) **réhabilite les arguments d'Augustin** pour confondre l'Église de son temps. En effet, la pratique des indulgences (rémission accordée par l'Église des peines temporelles pour les péchés déjà pardonnés) la rend selon lui coupable de pélagianisme.

Mais ce n'est qu'au **XVIIᵉ siècle** que **la pensée d'Augustin** fait son grand **retour** sur la scène intellectuelle européenne. En 1640 parait l'*Augustinus* de Jansénius (1585-1638), évêque d'Ypres, ouvrage dans lequel ce dernier expose les doctrines augustiniennes. Augustin devient alors **la référence des jansénistes** et certains penseurs, parmi les plus importants du siècle, le relisent, au premier rang desquels **Blaise Pascal** (1623-1662). L'influence du philosophe et théologien s'élargit : elle se retrouve chez La Rochefoucauld (1613-1680), Bossuet (1627-1704), Racine (1639-1699) ou encore Fénelon (1651-1715). Débordant peu à peu le milieu des philosophes, la pensée d'Augustin se répand bientôt dans la société et contribue à modeler la conscience européenne. Au XVIIIᵉ siècle, **Jean-Jacques Rousseau** (1712-1778) emprunte dans le projet des *Confessions* le geste augustinien du retour sur soi. Enfin, au XXᵉ siècle, saint Augustin continue d'exercer une profonde influence chez des penseurs non moins illustres que **Martin Heidegger** (1889-1976) ou encore **Hannah Arendt** (1906-1975).

<u>**BON À SAVOIR**</u>

Le **jansénisme** est une doctrine chrétienne fondée par Jansénius au XVIIᵉ siècle, qui défend les théories de la grâce et de la prédestination de l'homme. En France, il est lié à l'abbaye de Port-Royal, située à Paris. Il a suscité de violentes querelles théologiques et a été durement réprimé par le roi.

PENSÉE ET APPORT

La philosophie d'Augustin est une **élucidation de la réalité humaine à la lumière de la foi chrétienne**. L'homme est faible, mais il porte au fond de son âme la trace de Dieu. Il s'agit pour lui d'entendre et de répondre à cet appel. C'est en nous efforçant de rejoindre le divin au fond de nous-mêmes, c'est-à-dire en nous unissant à Dieu par la foi, que nous accéderons à la vérité et à la sagesse. C'est donc à une forme d'introspection qu'Augustin nous convie, dans la droite ligne du souci de l'âme hérité de Platon et du christianisme.

La réflexion augustinienne s'articule autour de plusieurs thèmes :

- le désir et son objet ;
- le temps et l'éternité ;
- la liberté et la grâce ;
- la foi et la raison.

LE DÉSIR ET SON OBJET

Les amours terrestres

Chez Augustin, c'est d'abord la vie qui force à philosopher, car l'amour de la sagesse ne s'éveille que dans une âme qui souffre d'en être privé. Le mal qu'endure Augustin lui-même, comme il l'explique dans ses *Confessions*, c'est le désir de la chair dans lequel il s'est jeté sans scrupule : « J'aimais à aimer », se souvient-il. Insatiable, ce désir se creuse comme un ventre où l'appétit renait interminablement. Ainsi, les voluptés de l'amour charnel, **les nourritures terrestres, ne**

satisfont pas l'âme humaine. Augustin en a fait l'amère expérience.

L'âme désire à la fois plus, autre chose et autrement :

- plus, car son désir est infini, tandis que les êtres ici-bas sont finis, c'est-à-dire qu'ils se corrompent ;
- autre chose, car l'âme est incorporelle, tandis que les délices de la chair sont corporels ;
- autrement, car elle est à l'image de Dieu, non de l'animal.

Le manque de Dieu

Selon le philosophe, **l'âme est rongée par un manque dévorant** de quelque chose. Mais de quoi au juste ? Non pas des autres, comme Augustin l'a cru d'abord, mais de l'Autre, à savoir **Dieu**. En nous, le désir infini appelle un être lui-même infini. Nous avons soif d'absolu.

Plus précisément, ce qui tourmente l'âme, c'est **un manque de Dieu qui manque Dieu**. En effet, ce manque « manque » son objet, passe à côté, parce que **l'âme cherche hors d'elle-même**, dans la chair, **ce qui réside en elle-même**, dans la foi.

Augustin ne condamne donc pas le désir, il ne condamne que le détournement du désir de l'âme vers les objets matériels corruptibles et corrupteurs. En ne comprenant pas son propre désir, en se laissant dépasser par lui, submerger par sa puissance, l'âme humaine s'éloigne d'elle-même et donc de Dieu. En recherchant l'union avec les corps, elle se cherche où elle n'est pas, puisqu'elle est incorporelle. Dès lors, elle ne coïncide jamais avec elle-même et ne peut vivre que dans l'erreur et la déception.

Le désir est un appel qu'il ne faut pas seulement vivre, mais aussi comprendre. Or seule la foi le permet. Ainsi, Augustin insiste sur la nécessité d'une « conversion », d'un virage dans l'existence : il faut convertir le mouvement de l'âme qui l'égare hors d'elle-même en mouvement qui la ramène en elle-même. « *Redi in te* », dit Augustin : « **Rentre en toi-même**. » (citation 1)

LA MÉMOIRE, LE TEMPS ET L'ÉTERNITÉ

La mémoire

Rentrer en soi-même pour s'examiner, c'est d'abord découvrir que **l'esprit est mémoire**. Ces « vastes palais » intérieurs qui recèlent des « trésors » de souvenirs émerveillent Augustin. Ce qui est fascinant selon lui dans l'acte de se souvenir, c'est que l'esprit cherche et anticipe ce qu'il connait déjà. Se remémorer, c'est à la fois chercher à combler un manque (l'oubli) tout en sachant malgré tout déjà, en quelque sorte, ce qu'on cherche, paradoxe longuement examiné par Platon (*Ménon*). Augustin y voit, comme son prédécesseur, le modèle de toute connaissance : **connaitre, c'est reconnaitre et donc se souvenir**.

L'examen de la mémoire fait apparaitre la nature de l'âme : celle-ci attend le futur, est attentive au présent et se souvient du passé (citation 2).

Le temps

L'examen de la mémoire montre ainsi que **l'âme entretient un rapport étroit au temps**. Aussi, comme le souligne le philosophe, notre notion du temps semble-t-elle aussi évidente qu'insaisissable : intuitivement, tout le monde sait ce que c'est, mais personne ne semble capable de le définir (citation 3). **Quel est l'être du temps ?**

- Passé, il n'est plus.
- Futur, il n'est pas encore.
- Présent, il n'est qu'« un point évanescent » qui fuit dans le passé, qui disparait dès l'instant où il apparait.

Quelle est donc la réalité de ces trois dimensions ? Celle que notre âme leur prête :

- le passé n'est que dans l'âme qui se souvient ;
- le futur, dans l'âme qui l'attend ;
- le présent, dans l'attention qu'elle lui porte.

Autrement dit, **le temps n'a de réalité que dans l'âme qui le pense**, dans la conscience de l'homme, seule capable d'interagir avec lui. Le passé et le futur ne sont que des représentations présentes de l'esprit : trois temps coexistent en nous (passé, présent et futur). Contrairement à ce que pensent Platon ou Aristote, il n'a donc rien d'objectif, d'extérieur à nous. Le temps, c'est l'expérience d'une durée, une distension de l'âme, donc **une réalité subjective** (citation 4).

L'éternité

Toutefois, le temps, cet écoulement du devenir, n'a pas

la perfection de l'immobile éternité, toujours identique à elle-même. Ainsi, **Augustin oppose le temps humain à l'éternité de Dieu**, qui se situe hors du temps. En effet, celui-ci a créé le monde et le temps de manière simultanée, ce qui signifie qu'on ne peut concevoir un temps en dehors de la création.

Cependant, le temps humain n'est pas, comme pour Platon, la regrettable dégradation d'une éternité perdue, mais une distension qui ouvre à l'homme la possibilité de cheminer vers Dieu. Dès lors, **le temps est passage** : en passant, il offre à l'homme un passage vers l'être en qui rien ne s'écoule et où le temps se fige en éternité.

Rentrer en soi-même, c'est donc faire l'expérience surnaturelle d'une ouverture vers un Autre que soi. Hors de nous, nous découvrons l'extériorité relative du monde sensible, **au-dedans de nous, nous découvrons l'extériorité absolue de Dieu**. L'intériorité n'est pas fermée sur elle-même, elle donne accès à la véritable extériorité (citation 5). Toutefois, Augustin maintient fermement l'écart et la dissymétrie entre l'homme et Dieu, ce qui lui permet de penser la liberté et le mal.

LA LIBERTÉ ET LA GRÂCE

La question du mal et du péché

Si Dieu est tout puissant et parfaitement bon, comment expliquer l'existence du mal ? Face à cette redoutable question qui passionne et inquiète toute la théologie chrétienne, Augustin épouse un temps la position des manichéens. En posant l'existence d'une divinité du mal distincte et indépendante du Dieu bon des Écritures, on parvient à dissiper le mystère. Mais le philosophe abandonne bientôt cette interprétation insatisfaisante. Car Dieu est un, tout-puissant et bon.

Par conséquent, **l'origine du mal est dans la seule volonté de l'homme**, suffisamment libre pour errer et commettre le péché. Les tentations sont innombrables et la volonté est faible. Assaillie de toutes parts, elle se laisse aisément corrompre. Le célèbre épisode du vol des poires que relate Augustin dans ses *Confessions* constitue à cet égard une analyse exemplaire de la conscience fautive.

Dieu a créé l'homme libre. Mais Augustin ne l'entend pas comme les pélagiens : selon lui, **le péché d'Adam a corrompu notre libre arbitre**, soit notre capacité à choisir en toute indépendance, dégagée de toute contrainte. Sans **l'aide de Dieu**, sans la faveur de sa grâce, l'homme n'a pas la force de choisir le bien. Par ailleurs, quoi que nous fassions pour tenter de gagner cette grâce, Dieu reste parfaitement maitre de la dispenser comme bon lui semble parmi les hommes. Ses voies restent à cet égard impénétrables et sa souveraineté absolue. Seuls quelques élus bénéficient d'une prédestination au salut : autrement dit, seuls quelques-uns sont prédestinés de toute éternité à recevoir la grâce divine.

L'analyse augustinienne du mal et du péché permet de résoudre les contradictions qui déchiraient les penseurs chrétiens :

- la bonté et la toute-puissance de Dieu sont préservées ;

- la liberté humaine et la prédestination divine sont accordées.

Les deux cités

De l'élucidation de la liberté humaine au regard du mal et du péché résulte une conception de la politique qu'Augustin précise dans *La Cité de Dieu*. Ce qui est vrai de l'individu l'est de la communauté toute entière : il n'est **point de justice dans la cité des hommes sans le secours de Dieu** et la soumission à ses saints décrets. C'est le sens de la parole du Christ : « Mon royaume n'est pas de ce monde. » (*Épître de Jean*, 18.33-37)

Coexistent ainsi dans l'histoire **deux cités** :

- **la cité terrestre**, d'une part, qui ne connait que l'obéissance aux lois humaines et où règne l'amour de soi, voire le mépris de Dieu ;
- **la cité céleste**, d'autre part, qui ne connait que le commandement de Dieu. Tourné vers le Christ, son seul roi, le citoyen y cultive l'amour de Dieu, au point de se mépriser lui-même. C'est ce qui définit chez Augustin l'amour de charité, c'est-à-dire l'amour parfaitement désintéressé du prochain et de Dieu (citation 6). C'est la communauté des Justes par-delà les frontières. Exilée sur la terre, cette cité ne se séparera de la cité terrestre et ne prendra toute sa mesure qu'après la mort du fidèle et son entrée dans le royaume de Dieu.

Tandis que le bonheur ici-bas apparait instable et illusoire, la vie au royaume de Dieu est synonyme de béatitude éternelle. Ainsi, selon Augustin, l'existence terrestre ne peut jamais être heureuse et il faut attendre la vie future pour connaitre le vrai bonheur. En conséquence, **l'histoire** acquiert désormais un sens : elle est **porteuse d'une espérance**, celle du salut dans la séparation de l'âme avec la chair et de la cité céleste avec la Terre.

LA FOI ET LA RAISON

Le maitre intérieur

Philosopher, pour Augustin, consiste en un effort d'élucidation du sens de la vie humaine illuminé par la foi :

* le cheminement intérieur qui nous conduit pas à pas vers la sagesse franchit d'abord l'obstacle du désir sensible ;
* puis, se tournant vers elle-même, l'âme se comprend comme mémoire et enfin comme « intellection ». Car pour qu'il y ait mémoire, il faut qu'existe un être qui se remémore. Cet acte d'attention par lequel nous saisissons soudain que nous sommes un être pensant, c'est là ce qu'Augustin appelle intellection.

Mais, contrairement à ce qu'en dira plus tard René Descartes (1596-1650), **le moi qui pense n'est pas le fondement des vérités qu'il cherche**. Seul Dieu répond à l'appel que la pensée lui lance et est source du vrai. La raison a besoin de la foi pour l'éclairer (citation 7).

Platon avait raison : **la pensée n'est rien d'autre que le dialogue de l'âme** avec elle-même. Mais Augustin précise : ce dialogue est un rapport de l'âme **avec le « maitre inté-**

rieur » logé au fond d'elle-même, au plus intime de son être. En lui, nous reconnaissons **le Verbe de Dieu** qui résonne dans l'intimité du cœur, habité par la foi, et verse dans l'âme la lumière qui la guide. La pratique du soliloque (du dialogue intérieur) fait de la pensée un véritable exercice spirituel. **Connaitre, c'est sortir de l'oubli de Dieu où le péché nous a plongé, en retrouvant la trace de Dieu en nous**. Plus simplement, connaitre, c'est se ressouvenir.

La « précédence » de la foi

La pensée est donc tout sauf un exercice solitaire fermé sur lui-même. Penser, c'est au contraire faire l'expérience qu'**il y a au fond de nous un être qui nous dépasse infiniment et dont on dépend absolument.**

Dès lors, l'exercice de la raison humaine est stérile et orgueilleux quand il refuse de s'appuyer sur la foi. Qu'est-ce en effet que la raison sans la foi ? Rien de plus qu'une faculté de former à l'aveuglette des raisonnements. Aussi serait-ce trop accorder à notre faible raison que d'en faire l'instrument exclusif de la connaissance. C'est à la foi de chercher Dieu et de recueillir son message annoncé par le Christ.

Il ne faut donc pas s'en tenir, comme le crurent les philosophes païens, à la raison, mais **interroger la raison de la raison**. Or, la raison d'être de la raison, ce qui lui donne son être, son sens et sa valeur, c'est **la foi qu'elle a pour tâche de méditer inlassablement** afin d'en dégager le sens, non de se substituer à elle. La philosophie ne devient amour de la sagesse que lorsqu'elle dépasse l'amour de soi d'une raison qui n'a d'yeux que pour elle-même et qui oublie l'Être transcendant en qui elle réside.

<u>BON À SAVOIR</u>

La **foi** désigne le rapport subjectif de confiance (en latin *fides*) qui lie le fidèle à une ou plusieurs divinités. Avec Augustin, on la distingue de la simple croyance en ceci qu'elle ne s'appuie sur aucune raison : elle est une adhésion inconditionnelle à un contenu de pensée révélé.

EN RÉSUMÉ

Augustin **pense le sens de la vie humaine au regard de la foi chrétienne**. Selon lui, l'amour est désir et le désir est manque. Mais les voluptés terrestres ne peuvent combler l'âme humaine, rongée par **un manque dévorant : Dieu**. Toutefois, l'âme manque Dieu, car elle cherche hors d'elle-même : il lui faut le secours de la foi pour **rentrer en elle-même**.

Elle comprend alors d'abord que **l'esprit est mémoire** : il a la faculté de se souvenir du passé, d'être attentif au présent et d'anticiper l'avenir. L'âme entretient donc un **rapport étroit avec le temps**.

Mais quel est l'être du **temps** ? Celui-ci n'existe que dans l'âme qui le pense : **c'est une réalité subjective**. Augustin oppose par ailleurs le temps humain à **l'éternité de Dieu**. Mais cela ne signifie pas que le temps est la dégradation d'une éternité perdue : il permet à l'homme de cheminer vers Dieu.

Se penchant sur **l'origine du mal**, le philosophe découvre qu'elle se situe **dans la volonté de l'homme**, assaillie par de nombreuses tentations. Celui-ci a **besoin de la grâce de Dieu** pour s'orienter vers le bien. Il en va de même pour la cité toute entière : il n'est point de justice sur Terre sans le secours divin. Augustin distingue ainsi la cité terrestre de la cité céleste, dans laquelle le citoyen cultive l'amour de charité.

Enfin, les vérités que le moi cherche ont leur source en Dieu : **la raison a donc besoin de la foi** pour l'éclairer. Plus précisément, la pensée est le dialogue de l'âme avec le « maitre intérieur » logé au fond d'elle-même et en qui l'homme reconnait le Verbe divin. **Connaitre consiste à retrouver la trace de Dieu en nous.**

Votre avis nous intéresse !
Laissez un commentaire sur le site de votre librairie en ligne
et partagez vos coups de cœur sur les réseaux sociaux !

POUR ALLER PLUS LOIN

- ARENDT (Hannah), *Le Concept d'amour chez Augustin*, traduction d'Anne-Sophie Astrup, Paris, Payot & Rivages, 1999.
- AUGUSTIN, *Confessions*, traduction de Joseph Trabucco, Paris, GF-Flammarion, 1964.
- AUGUSTIN, *De la vraie religion*, traduction de Louis Moreau, Versailles, Via Romana, 2010.
- AUGUSTIN, *L'Aventure de l'esprit et autres confessions*, traduction de Patrice Cambronne, Paris, Gallimard, 2013.
- AUGUSTIN, *La Cité de Dieu*, 2 tomes, Paris, Seuil, 1994.
- AUGUSTIN, *La Création du monde et le Temps*, traduction de Robert Arnauld d'Andilly, Paris, Gallimard, 2007.
- AUGUSTIN, *Les Plus beaux Sermons*, Paris, Études augustiniennes, 1986.
- AUGUSTIN, *Œuvres*, 3 tomes, Paris, Gallimard, 1998-2002.
- BROWN (Peter), *La Vie de saint Augustin*, Paris, Seuil, 2001.
- GILSON (Étienne), *Introduction à l'étude de saint Augustin*, Paris, Vrin, 1987.
- JASPERS (Karl), *Les Grands Philosophes*, tome 2, Paris, Pocket, 2009.
- JERPHAGNON (Lucien), *Saint Augustin. Le pédagogue de Dieu*, Paris, Gallimard, 2002.
- JERPHAGNON (Lucien), *Augustin et la Sagesse*, Paris, Desclée de Brouwer, 2012.
- MARROU (Henri-Irénée), *Saint Augustin et l'Augustinisme*, Paris, Seuil, 2003.
- MARROU (Henri-Irénée), *Saint Augustin et la Fin de la*

culture antique, Paris, E. de Boccard, 1958.

TESTEZ VOS CONNAISSANCES !

ASSOCIEZ CHAQUE CITATION À L'EXPLICATION QUI LUI CORRESPOND

Citation 1 : « Ne t'en va pas au dehors, rentre en toi-même ; au cœur de la créature habite la vérité. » (*De la vraie religion*, Versailles, Via Romana, 2010, chapitre 39, p. 120)

Citation 2 : « [Dans le] miracle de la mémoire, l'esprit attend, il est attentif et il se souvient. » (*Confessions*, Paris, GF-Flammarion, 1964, livre 11, chapitre 28, p. 278-279)

Citation 3 : « Mais qu'est-ce donc que le temps ? Si personne ne me le demande, je le sais ; mais si on me le demande et que je veuille l'expliquer, je ne le sais plus. » (*Confessions*, Paris, GF-Flammarion, 1964, livre 11, chapitre 14, p. 195)

Citation 4 : « Il y a trois temps : le présent du passé, le présent du présent et le présent du futur. Car ces trois sortes de temps existent dans notre esprit et je ne les vois pas ailleurs. Le présent du passé c'est la mémoire ; le présent du présent c'est l'intuition directe ; le présent de l'avenir, c'est l'attente. » (Confessions, Paris, GF-Flammarion, 1964, livre 11, chapitre 20)

Citation 5 : « [Dieu est] plus intérieur que l'intime de moi-même et plus haut que le plus haut de moi-même. » (Confessions, in *Œuvres*, Paris, Gallimard, tome 1, 1998, livre 3, chapitre 6, p. 825)

Citation 6 : « Deux amours ont bâti deux cités, l'amour de soi jusqu'au mépris de Dieu, la cité de la terre ; l'amour de Dieu jusqu'au mépris de soi, la cité de Dieu. » (La Cité de Dieu, in *Œuvres*, tome 2, Paris, Gallimard, 2000, livre 14, chapitres 25-28)

Citation 7 : « Crois et tu comprendras ; la foi précède, l'intelligence suit. » (*Les Plus beaux Sermons*, Paris, Études augustiniennes, 1986, sermon 118, 1, p. 297)

Explication a : la charité s'oppose absolument à l'amour-propre.

Explication b : la raison sans la foi est perdue, mais la foi sans la raison est aveugle. Loin de s'opposer, la foi et la raison s'accordent l'une à l'autre pour nous ouvrir l'accès à la vérité.

Explication c : l'intériorité de l'âme ouvre un accès à la véritable extériorité, celle de Dieu, qui est à la fois plus intime et plus grande que nous-mêmes.

Explication d : il faut convertir le mouvement de l'âme qui l'égare hors d'elle-même en mouvement qui la ramène en elle-même pour découvrir la vérité.

Explication e : le temps est une notion subjective aussi évidente qu'indéfinissable.

Explication f : la mémoire est un genre d'attention par lequel l'esprit peut revenir sur lui-même et prendre conscience de sa véritable nature.

Explication g : les trois dimensions du temps (le passé, le présent et le futur) sont trois modes de la présence de l'esprit à lui-même. Le temps est subjectif, il n'a de réalité que dans l'esprit de celui qui le pense.

Explication h : les voluptés charnelles ne peuvent satisfaire l'âme de l'homme, qui désire à la fois plus, autre chose et autrement.

Explication i : l'origine du mal est dans la seule volonté de l'homme, suffisamment libre pour errer et commettre le péché ; il a donc besoin de l'aide de Dieu pour s'orienter vers le bien.

Explication j : le temps humain s'oppose à l'éternité de Dieu, qui se trouve hors du temps dans la mesure où il n'existe pas de temps avant la création.

Rendez-vous sur lepetitphilosophe.fr et découvrez :

Plus de 1200 analyses
Claires et synthétiques
Téléchargeables en 30 secondes
À imprimer chez soi

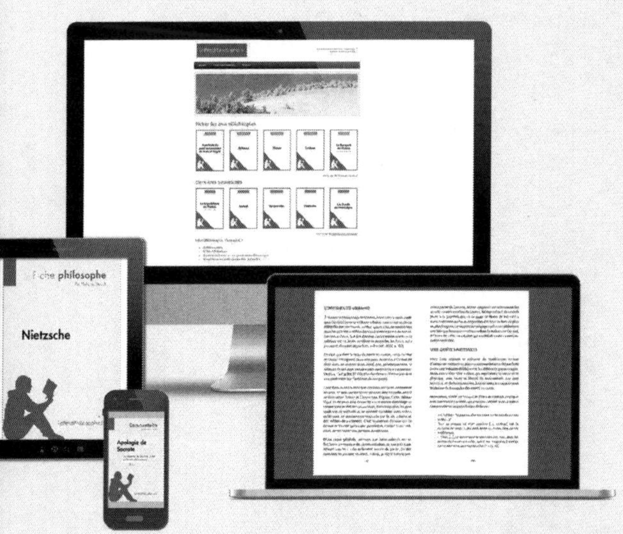

ISBN version numérique : 978-2-8062-4925-8
ISBN version papier : 978-2-8080-0103-8
Dépôt légal : D/2017/12603/487

Conception numérique : Primento,
le partenaire numérique des éditeurs.

Made in the USA
Monee, IL
07 July 2026

56545295R00020